나라는 다르지만
모두 친구가 될 수 있어!

초판 1쇄 발행 2020년 9월 10일
초판 5쇄 발행 2025년 12월 1일

지은이 최형미, 이향
그린이 박연옥
펴낸이 이지은 **펴낸곳** 팜파스
기획편집 박선희
디자인 조성미 **마케팅** 김서희, 김민경
인쇄 케이피알커뮤니케이션

출판등록 2002년 12월 30일 제 10-2536호
주소 서울특별시 마포구 어울마당로5길 18 팜파스빌딩 2층
대표전화 02-335-3681 **팩스** 02-335-3743
홈페이지 www.pampasbook.com | blog.naver.com/pampasbook
이메일 pampas@pampasbook.com

값 12,000원
ISBN 979-11-7026-353-1 (73330)

ⓒ 2020 최형미, 이향

· 이 책의 일부 내용을 인용하거나 발췌하려면 반드시 저작권자의 동의를 얻어야 합니다.
· 잘못된 책은 바꿔 드립니다.

이 도서의 국립중앙도서관 출판시도서목록(CIP)은 서지정보유통지원시스템 홈페이지
(http://seoji.nl.go.kr)와 국가자료공동목록시스템(http://www.nl.go.kr/kolisnet)에
서 이용하실 수 있습니다.(CIP제어번호: CIP2020031481)

나라는 다르지만 모두 친구가 될 수 있어!

최형미, 이향 글 | 박연옥 그림

팜파스

어린이 친구들에게

다름을 알고 보면
모두 같은 세계

우리 친구들은 어떤 사람과 친구가 되나요? 혹시 얼굴도 마음도 나와 꼭 같은 사람과 친구가 되었나요? 아마 아닐 거예요. 누구도 나와 똑같지는 않으니까요. 형제자매더라도, 아니 함께 태어난 쌍둥이더라도 찬찬히 들여다보면 좋아하는 것도, 잘하는 것도 모두 다르답니다. 외모가 비슷하더라도 각각 다른 사람이니까요. 우리는 서로의 공통점으로 친근감을 느끼며 나와 다른 부분을 이해하고 받아들이면서 서로 친해지고 좋아하게 되는 것이지요.

여러분은 외국인을 만나 본 경험이 있나요? 나와 다른 외모나 언어를 가진 사람들은 조금 낯설 수 있어요. 어떻게 인사해야 할지, 어떻게 친해져야 할지 어렵게 느껴질 수 있어요. 그래서 다르다는 이유로, 어떻게 대해야 할지 어렵다는 이유로, 조금 멀리하기도 하지요. 나와 다른 나라에서 태어나 외모가 조금 다르거나 생활 습관 혹은 규칙이나 관습이 다른 것은 이상하거나 틀린 것이 아니에요. 상대방이 보았을 때 나 역시도 그럴 수 있답니다.

다른 나라 사람을 대할 때 우리는 어떤가요? 같은 나라에서 태어난 가족이나 친구를 대하는 것과 다른 마음을 갖고 있지는 않나요?

문화라는 것은 각자의 자연환경이나 사회적 환경을 바탕으로 만들어지다 보니 각각의 문화권에 따라 달라지거든요. 사

막에 사는 사람들과 우리나라에 사는 사람들은 옷차림이 달라질 수밖에 없을 거예요. 각각의 자연환경에 맞게 몸을 보호하는 옷의 역할이 다를 테니까요. 음식도 마찬가지예요. 같은 사과라도 환경이 다르기 때문에 맛이 다를 수 있고, 각각의 문화에 따라 식습관도 다르지요. 이런 모든 것들은 각자 적합한 환경과 문화 속에서 달라져 왔을 뿐, 좋고 나쁨을 따질 수는 없는 것이랍니다.

그런데 우리는 너무 쉽게 다른 나라의 문화에 대해, 내 기준에 맞춰 평가를 해 버리는 것 같아요. 다른 나라의 사람에게까지도 말이지요.

다양한 문화 속에 살아 온 친구들을 만난 서연이도 처음에는 그랬어요. 나와 다르면 불편하게 여기기도 하고 이상하게 생각하기도 했지요. 하지만 친구들과 함께 마음을 나누며 이해하고 받아들이다 보니 알게 되었지요. 서연이와 친구들의

이야기를 통해 나와 문화가 다른 친구들을 이해해 보면 어떨까요? 내 주변에 함께 있는 친구들에게 먼저 다가갈 수 있는 친구들이 되기를 바라요.

세상의 모든 사람들과 친구가 되고 싶은 작가들이.

차례

어린이 친구들에게
다름을 알고 보면 모두 같은 세계 •4

302호는 예의가 없나 봐! 10

☞ 하나하나가 모여 문화를 만들어요 •20

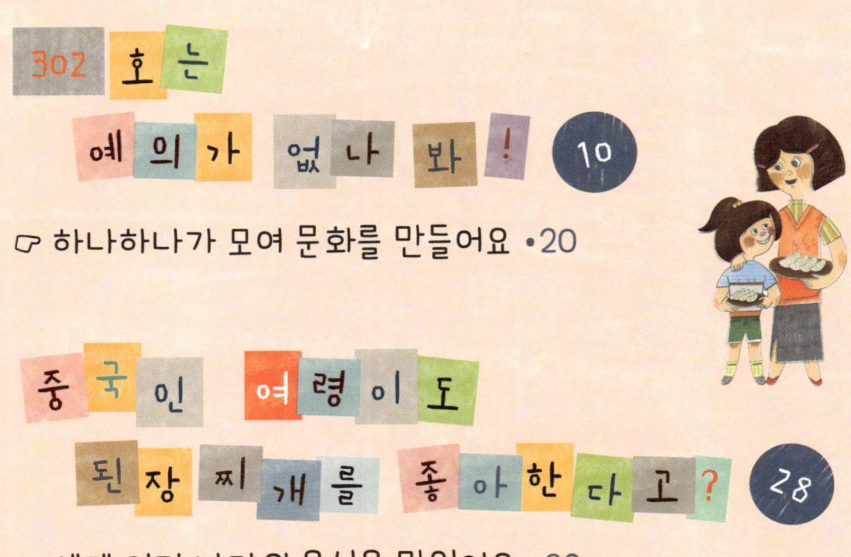

중국인 여령이도 된장찌개를 좋아한다고? 28

☞ 세계 여러 나라의 음식은 맛있어요 •36

영어를 어려워하는 금발 머리 소년! 44

☞ 서로 언어는 다르지만 함께 쓰는 언어도 있어요 •52

생일 파티에서 생긴 일 58

☞ 편견을 가지고 문화를 보면 더 넓은 세계를 만날 수 없어요 •68

좋은 문화? 나쁜 문화? 다른 문화일 뿐이야! 76

☞ 세계 여러 나라의 문화는 흥미로워요 •84

두근두근 세계 여행 90

☞ 하나로 연결된 세계, 다양한 문화를 만나요 •98

302호는 예의가 없나 봐!

집에 들어오자마자 고소한 냄새가 풍겼어요. 서연이는 단박에 냄새의 정체가 무엇인지 알아챘어요. 바로 엄마 표 만두예요. 다진 야채와 고기를 듬뿍 넣은 엄마 표 만두는 둘이 먹다 하나 죽어도 모를 만큼 맛나요. 엄마는 언제 만두를 만든 걸까요? 오늘도 짐을 정리하느라 바빴을 텐데요.

"엄마, 만두 했어? 정리하느라 바쁘다면서 언제 한 거야?"

"서연이가 할머니 가게에 간 동안에 했지. 할머니 도와서 가게도 보고 우리 딸 기특해. 정말 고마워."

며칠 전 서연이네 가족은 이태원으로 이사를 했어요. 서연이는 오랫동안 살던 정든 동네를 떠나야 해서 섭섭했지요. 하지만 할머니의 요청을 모른 척할 수 없었어요. 할머니가 꽤 간곡히 부탁하셨거든요.

서연이의 할머니는 이태원에서 삼십 년째 신발 가게를 하고 있어요. 그런데 이제는 힘에 부치셔서 엄마에게 도와 달라고 하셨대요. 엄마도 할머니의 요청을 흔쾌히 받아들이셨고요. 이사를 해야 했지만 엄마는 들떠 보였어요. 서연이를 낳고 키우느라 엄마는 회사를 그만두고 집에만 있었거든요. 그동안 엄마도 일이 그리웠던 모양이에요.

"원래 이사를 오면 동네 사람들에게 떡을 돌려야 하지만 특별히 만두를 해 봤어. 서연아, 만두를 먹은 후에 엄마 부탁 좀 들어 줄래?"

"좋아요!"

서연이는 얼른 손을 씻고 식탁에 앉았어요.

"엄마 진짜 최고! 엄마 만두는 언제 먹어도 최고로 맛있어!"

서연이는 순식간에 만두 한 접시를 비웠어요. 할머니를 도와 오전 내내 가게에서 신발 정리를 했더니 배고팠거든요.

"맛있다니 다행이다. 그럼 이제 엄마랑 이 만두를 이웃들에게 가져다드릴까?"

"좋아요."

서연이는 엄마가 정성스레 만든 만두를 담은 접시를 들고 엄마와 함께 이웃집 문을 두드렸어요. 이태원은 한국이지만 외국인이 정말 많이 살아요. 할머니 신발 가게를 찾는 단골 중에도 외국인이 많고요.

서연이가 이사 온 빌라에는 모두 여섯 가구가 살고 있어요. 1층에는 서연이네 가족과 베트남에서 온 찌 바오 아저씨가 살아요. 서연이와 엄마는 옆집 찌 바오 아저씨네에 찾아갔어요. 아저씨는 친절하게 만두 접시를 받고 고맙다고 했지요.

2층에는 과연 누가 살고 있을까요? 서연이는 두근거리는 마음으로 201호의 초인종을 눌렀어요. 하지만 외출을 했는지 안에서는 아무 대답이 없었어요.

"아무도 없나 보네. 만두가 다 식기 전에 옆집에 가져다줘야겠다."

엄마는 202호의 초인종을 눌렀어요. 202호에서는 금발 머리를 한 아주머니가 나왔어요. 엄마는 당황하지 않고 아주머니에게 인사를 건넸어요. 하지만 서연이는 금발 머리에 파란 눈을 한 아주머니를 보니 말문이 막혔어요. 그래서 눈만 껌뻑이며 만두를 내밀었지요.

"와우, 만두네요? 미세스 고의 며느리와 손녀딸이죠? 거마워요."

발음이 좀 어색했지만 아주머니는 우리말을 꽤 잘 했어요. 엄마는 금발 머리 아주머니와 이야기를 나누었지만 서연이는 얼떨떨한 표정으로 아주머니께 고개를 숙여 인사만 건넸어요. 엄마와 서연이는 만두를 가지러 다시 집으로 돌아왔어요.
"엄마, 201호는 외출했나 봐요. 그런데 202호 아주머니는 우리말을 꽤 잘하시네요."
"여기서 십 년 넘게 사셨대. 자, 이제 3층으로 가 볼까?"
김이 모락모락 나는 만두 접시를 들고 서연이와 엄마는 3층으로 향했어요.
301호도 외출을 했는지 초인종을 눌러도 아무도 나오지 않았어요. 이제 마지막 집인 302호예요. 서연이가 초인종을 누르자 머리에 무언가를 뒤집어쓴 아주머니와 유치원생으로 보이는 여자아이가 함께 나왔어요. 서연이는 자신과 다른 옷차림을 한 아주머니와 여자아이를 보고 눈이 휘둥그레졌어요. 무슨 말을 꺼내야 할지 몰랐어요. 엄마와 함께여서 참 다행이지 뭐예요. 엄마는 활짝 웃는 얼굴로 아주머니에게 만두 접시를 내밀었어요.

그런데 엄마가 내민 만두 접시를 보고 아주머니도 아이도 이상한 표정을 지었어요. 김이 모락모락 나는 만두를 보고 기뻐하기는커녕 오히려 당황스러워 보였거든요. 엄마가 내민 접시를 받지도 않고 말이에요.

서연이는 황당했어요. 음식을 준비한 사람의 성의를 생각해서라도 얼른 접시를 받고 고맙다고 인사하는 게 맞잖아요. 그런데 만두 접시를 받지도 않고 멀뚱멀뚱 보고 있는 게 말이 돼요?

엄마도 조금 당황하신 것 같았어요. 어쩔 줄 몰라 하는 엄마 표정을 보고 아주머니는 억지로 웃으며 만두 접시를 받아 들었어요. 여자아이는 자기 엄마 손에 들린 만두를 보더니 킁킁 냄새를 맡기 시작했어요. 그 애 엄마는 눈치가 보였는지 아이가 만두 냄새를 못 맡게 했어요. 그런데 황당하게도 아이가 갑자기 심통 난 표정을 짓지 뭐예요.

서연이는 기가 막혀서 하마터면 화를 낼 뻔했어요. 정성스럽게 만든 만두를 가져온 사람 앞에서 저런 행동을 하다니! 너무 예의 없다는 생각이 들었거든요.

　서연이는 만두 접시를 다시 가져오고 싶었지만 그건 너무 무례한 행동 같아서 꾹 참았어요. 그 대신 화난 표정으로 꾸벅 인사만 하고는 얼른 집으로 돌아와 버렸어요.

"서연아, 같이 가야지?"

　엄마가 서연이를 쫓아 내려오며 말했어요.

"엄마, 302호 사람들 정말 이상하지 않아요? 너무 예의 없고 이상해요."

　엄마는 잠시 생각에 잠기더니 말했어요.

"아니야. 무슨 사정이 있을 거야."

"아무리 만두를 싫어해도 그렇죠! 음식을 가져간 사람 앞에서 어떻게 그런 행동을 할 수 있어요?"

서연이는 분해서 씩씩거렸어요.

"302호에 만두 가져다줬니?"

마침 집에 들어오다 서연이의 이야기를 들은 할머니가 물어보셨어요.

"네."

"이런, 내가 미리 알려 줄 걸 그랬구나. 그 집은 돼지고기가 들어간 음식을 못 먹는단다. 이슬람교를 믿거든. 아이는 유치원에 다니면서 돼지고기가 들어간 음식을 한두 번 맛본 것 같던데. 부모가 못 먹게 하는 모양이야. 이슬람교에서는 돼지고기를 먹으면 안 도니까."

할머니의 이야기를 들은 서연이와 엄마는 놀란 표정을 지었어요.

"어머, 제 생각이 짧았네요. 전혀 생각하지 못했어요. 그나저나 불편한 게 많겠어요. 돼지고기가 든 음식이 꽤 많은데."

엄마는 진심으로 미안해하며 말했어요. 서연이는 그제야 그 아이가 왜 심통 난 표정으로 코를 움켜쥐었는지 알 것 같았어요. 그 아이는 고소한 냄새가 나는 만두가 먹고 싶었나 봐요. 하지만 종교적인 이유 때문에 먹을 수 없으니, 먹고 싶은 마음을 참으려고 코를 움켜쥐었나 봐요.

그때 초인종이 울렸어요. 할머니가 현관문을 열자 서연이는 깜짝 놀랐어요. 302호 아주머니가 쟁반에 음식을 담아 왔기 때문이에요. 할머니는 아주머니에게 고맙다고 인사를 하며 만두를 줘서 미안하다는 이야기를 했어요. 아주머니는 우리말이 서툴러서 할머니와 오래 이야기를 나누지는 않았지만 상냥하고 친절한 사람 같았어요.

아주머니가 돌아가고 난 뒤 할머니가 서연이에게 아줌마가 주고 간 음식을 맛보라고 하셨어요.

"우웩."

무심코 먹어 본 음식 맛에 서연이는 화들짝 놀라 음식을 뱉어 버리고 말았어요. 뭐라고 말할 수 없는 맛과 향 때문에 거부감이 들었거든요.

"이런, 이슬람 음식이 처음이라 그럴 거야. 할머니도 처음에는 이상했는데 몇 번 먹어 보니 괜찮더라."

할머니가 웃으며 말씀하셨지만 서연이는 고개를 절레절레 저었어요. 두 번 다시 먹고 싶지 않은 맛이었거든요.

참 신기했어요. 사람들은 피부색과 말만 다른 게 아닌가 봐요. 같은 빌라에 살지만 먹는 음식도 이렇게 다른 걸 보면 말이에요.

하나하나가 모여 문화를 만들어요

　우리가 살고 있는 세상은 서로 많이 달라요. 우리나라는 봄, 여름, 가을, 겨울, 이렇게 사계절의 특징이 뚜렷해요. 하지만 필리핀이나 아프리카 지역처럼 더운 지역에 있는 나라들은 주로 여름 날씨만 계속되지요. 또, 노르웨이나 스웨덴, 알래스카처럼 추운 지역에 있는 나라들은 추운 날씨가 계속되고요. 그래서 어느 지역, 어느 나라에 사느냐에 따라 사람들이 입는 옷, 살고 있는 집, 피부색 등이 달라요.

혹시 여러분은 '문화'라는 말을 들어 본 적이 있나요? 문화는 같은 나라 또는 같은 지역의 사람들이 만들어 낸 것, 함께 사용하는 것, 사는 모습을 말해요. 여기에는 의식주 그러니까 옷, 음식, 집을 비롯하여 우리가 쓰는 말, 종교, 미술, 음악, 운동도 속해 있지요.

아주 오랜 옛날인 기원전 3000~4000년경부터 큰 강 주변에서 사람들이 살기 시작했대요. 사람만이 아니라 동물, 식물도 살아가려면 물을 마셔야 해요. 물을 쉽게 얻을 수 있는 큰 강 주변에 사람들도, 식물들도, 동물들도 모여들었어요.

세계 4대 문명이 생겨난 큰 강의 유역

　이렇게 모여 살면서 사람들은 자연환경을 이용하여 농사를 짓고, 강을 따라 이동하기도 했어요. 서로 자연스럽게 같은 말을 쓰고, 음식을 먹는 법도 배우고, 집을 짓는 방법도 알게 되었지요. 또 안전하고 편리하게 살 수 있도록 규칙도 만들었어요. 함께 사는 사람들이 점점 많아지면서 나라가 만들어졌어요. 그렇게 해서 세계에는 여러 나라가 생기게 되었답니다.

　이렇게 모여 사는 지역마다 사람들이 쓰는 말이 달라요. 종교도 지역마다 조금씩 달라요.

　세계에는 여러 종교가 있어요. 그중 사람들이 많이 믿는 종교는 크게 그리스도교, 불교, 이슬람교를 꼽을 수 있어요.

　그리스도교는 예수 그리스도의 가르침을 따르는 종교이지요. 유럽 나라들과 아메리카 지역, 필리핀 등에 사는 사람들이 많이 믿어요. 우리나라에도 그리스도교를 믿는 사람들이 많이 있어요.

불교는 석가모니의 가르침을 따라요. 우리나라, 중국, 일본, 동남아시아 등에 사는 사람들이 많이 믿어요.

이슬람교는 마호메트의 가르침을 따르지요. 서남아시아, 북아프리카 지역, 파키스탄 등에 사는 사람들이 많이 믿어요.

예부터 우리나라는 불교를 먼저 믿기 시작했지만, 모두가 그런 것은 아니에요. 우리나라 사람들 중에는 그리스도교를

예수

〈그리스도교〉

석가모니

〈불교〉

마호메트

〈이슬람교〉

믿는 사람도 많고, 이슬람교를 믿는 사람도 있어요. 종교는 나라나 지역이 같지 않더라도 개인이 자유롭게 믿고 싶은 종교를 고를 수 있어요.

교통이 점점 발달하면서 사람들은 먼 곳으로 이동할 수 있게 되었어요. 그래서 새로운 곳에 가서 살게 되었지요. 새로운 지역의 자연환경에 따라 사람들은 각각 생활양식이 달라졌어요. 이렇게 다양한 지역의 사람들이 각기 다른 방식으로 생활하게 되었어요. 또 전 세계 사람들이 더 활발히 교류하면서 지금처럼 다채로운 문화가 꽃피게 되었지요.

이처럼 문화는 조금씩 달라요. 서로 다른 문화 때문에 낯선 부분들도 있지요. 우리가 사는 모습과 다르다고 해서, 또는 가난하게 사는 나라라고 해서 그 문화가 나쁘다고 말할 수 없어요. 그저 다른 것이지요. 문화는 사람들이 사는 모습을 나타내는 것이랍니다.

여러분이 좋아하는 나라를 한번 떠올려 보세요. 그리고 우리나라 사람들이 사는 모습과 그 나라 사람들이 사는 모습을 비교해 보세요. 같은 점은 무엇인가요? 또 다른 점은 무엇인가요?

내가 좋아하는 나라 이름

같은 점

- --
- --
- --

다른 점

- --
- --
- --

한 나라 안에서도 여러 가지 문화를 경험할 수 있어요. 우리나라에도 외국인들이 많이 살고 있어요. 그 외국인들을 통해서 다른 나라의 노래도 배우고, 음식도 알게 되고, 언어도 배울 수 있어요. 또 우리나라 사람들도 외국에 나가 살면서 그 나라 사람들에게 우리나라의 문화를 알리기도 하지요.

사람들이 사는 모습 하나하나가 다른 것처럼 문화도 달라요. 문화는 서로 비슷해질 수도 있고, 시간이 지날수록 점점 달라질 수도 있어요. 여러분도 문화를 만들 수 있답니다!

　서연이는 할머니의 신발 가게에서 할머니를 도와드리는 게 재미있어요. 할머니는 집에 들어가 쉬라고 하셨지만 서연이는 하나도 힘들지 않았어요.

　오늘은 주말인데다 요즘 휴가철이에요. 그래서일까요? 거리에 유난히 사람들이 많아요. 이곳은 외국인들이 많이 사는 지역이라서 사람들 모두 모습이 달라요. 피부 색깔도 다르고,

머리 모양, 차림새도 다르고 눈동자 색깔도 달라요.

　가게에 들어오는 손님들 대부분이 쓰는 말도 다르고, 신발을 고르는 취향도 달랐어요. 그런 사람들을 만나는 게 서연이는 무척 신기하고 재미있었어요. 게다가 오늘은 여령이도 함께예요. 여령이는 서연이가 이곳에 와서 처음으로 사귄 동갑내기이자 단짝 친구예요.

　"니하오."

　여령이는 때마침 가게에 들어온 중국 아이에게 다가가 말을 걸었어요. 참 신기해요. 여령이는 어떻게 한 번에 딱 알아챌까요? 중국에서 온 사람인지 말이에요. 서연이는 아무리 봐도 잘 모르겠거든요. 여령이랑 나란히 거울 앞에 서서 찬찬히 살펴봐도 여령이랑 다른 점을 잘 모르겠는걸요.

　처음에 서연이는 여령이를 보고 얼마나 반가웠는지 몰라요.

　"혹시 여기 살아? 너 몇 살이야? 나 101호에 이사 왔어."

　서연이는 친구를 사귈 때 먼저 서슴없이 다가가는 편이 아니에요. 그런데도 여령이를 처음 만난 날에 얼마나 적극적이었는지 몰라요. 또래 친구가 없어서 심심했거든요. 게다가 여령이는 서연이 눈에 딱 한국 아이로 보였고요.

"나는 탕여령이야. 아홉 살이고. 엄마한테 네 얘기 들었어."

서연이는 여령이의 말에 잠시 머뭇거렸어요. 서연이랑 비슷하게 생긴 여령이가 이름과 말투만은 조금 달라 보였거든요.

"나는 중국에서 왔어. 한국에 온 거는 다섯 살 때야. 여기 삼 년이나 살았어."

"아, 중국에서 왔구나."

살짝 당황스럽고 얼떨떨한 서연이에게 여령이가 먼저 다가와 덥석 손을 잡았어요.

"나는 네가 퍽 마음에 들어. 우리 함께 재미나게 지내보자."

독특한 말투와 억양이 신기하고 재미있기도 한 여령이. 서연이는 그런 여령이와 금세 단짝 친구가 되었어요. 여령이와 마음이 꽤 잘 맞았거든요. 게다가 집도 가깝고, 유일한 동갑

내기이니 친해질 수밖에 없었지요.

　여령이와 놀다 보면 신기한 것도 되게 많이 알게 돼요. 중국 사람들이 먹는 자장면과 한국 사람들이 먹는 자장면이 다르다는 것도 여령이가 알려 주었어요. 또 중국 어린이들도 한국 어린이들처럼 어린이집에 다니고, 유치원에도 간대요. 공부를 많이 시키는 어머니 밑에서 자라는 아이들은 일찍부터 영어, 수학을 배운다는 이야기를 들었지요. 중국과 한국은 오랜 시간을 함께해 온 만큼 비슷한 것도 많았어요. 물론 다른 것도 많았지만요.

　참, 여령이 방에 걸려 있는 치파오라는 옷도 되게 색달랐어요. 한국의 한복처럼 치파오는 중국의 전통 옷이래요. 만날 바지와 티셔츠만 입던 여령이가 할머니네 잔치에 간다며 치파오를 입었을 때 얼마나 신기했는지 모른다니까요.

　서연이는 여령이가 중국 손님에게 신발 사이즈를 알려 주는 것을 보며 배시시 웃었어요. 가끔 여령이는 언니 같아요. 서연이랑 같은 나이지만 생각하는 것이 서연이보다 어른스러울 때가 많아요. 여령이는 서연이 할머니랑도 얘기가 잘 통해요.

"중국에서는 외할머니, 외할아버지, 친할머니, 친할아버지랑 지내는 시간이 많았어. 중국은 엄마, 아빠가 일하러 가면 가까이 사는 할아버지, 할머니가 아이들을 돌봐 주거든. 그래서 나는 할머니, 할아버지와 말이 잘 통하는 것 같아."

처음에 서연이는 중국에 한 번도 가 본 적이 없어서 중국이 멀게만 느껴졌어요. 하지만 여령이에게 이야기를 듣다 보니 중국도 우리나라와 비슷한 부분이 많다는 생각이 들었지요.

"오늘도 여령이가 한몫 단단히 했구나. 네 덕에 중국 손님에게 신발을 두 켤레나 팔았어."

할머니가 여령이를 보며 빙그레 웃으셨어요.

"이런, 벌써 7시네. 얼른 집에 가서 저녁 먹으렴."

할머니 말씀을 듣고 시계를 보니 어느새 7시지 뭐예요. 서연이와 여령이는 서둘러 집으로 왔어요. 오늘 여령이 엄마가

일이 있어 서연이 엄마에게 여령이의 저녁 식사를 부탁하셨거든요. 둘은 함께 저녁을 먹을 생각에 신이 났지요.

"어서들 와. 배고프지?"

서연이와 여령이는 서연이 엄마가 식탁에 차려 놓은 음식을 보고 눈이 휘둥그레졌어요.

"우와, 이게 다 뭐예요?"

"여령이를 위해 아줌마가 솜씨 좀 발휘해 봤지. 마파두부 요리야. 이건 딤섬이고. 요건 동파육."

"잘 먹겠습니다."

서연이와 여령이는 바쁘게 숟가락을 움직였어요. 서연이는 중국 요리를 자장면과 탕수육만 먹어 봤어요. 그래서 엄마가 만들어 주신 마파두부와 동파육이 신기했어요. 그런데 조금 먹어 보니 서연이 입맛에는 잘 맞지 않았어요. 향과 소스가 서연이가 원래 먹던 맛이 아니었거든요. 무척 낯선 맛이었어요. 그래서인지 김치와 김, 된장찌개에만 손이 가더라고요. 엄마에게는 죄송했지만 입맛에 안 맞는 걸 어떻게 하겠어요?

어, 그런데 여령이도 서연이와 마찬가지인가 봐요. 여령이도 마파두부나 동파육보다는 된장찌개와 김치에 숟가락과 젓가락이 자주 갔거든요.

서연이 엄마는 고개를 갸웃거렸어요. 오후 내내 인터넷 검색을 하고, 제일 맛있다는 요리법으로 만들었거든요. 몇 번이나 맛을 보았지만 맛도 꽤 좋은 편이고요. 물론 중국식 소스나 향에 거부감이 있으면 맛없게 느낄 수도 있어요.

"여령아. 혹시 동파육, 마파두부, 딤섬을 안 좋아하니?"

"아, 힘들게 만드셨을 텐데 정말 죄송해요. 그런데 저는 사실 된장찌개를 더 좋아해요. 중국 요리에 들어가는 소스가 저한테는 잘 안 맞더라고요. 저는 중국인이지만 입맛은 한국인인 것 같아요."

여령이의 말에 서연이도 서연이 엄마도 웃음을 터뜨렸어요.

"아줌마가 진짜 잘하는 게 된장찌개인데 괜히 눈치 보며 먹게 만들었구나."

서연이 엄마는 된장찌개를 더 떠 와 여령이 앞에 놓아 주었어요. 여령이는 된장찌개가 너무 맛있다며 밥을 비벼 두 공기나 먹었어요.

세계 여러 나라의 음식은 맛있어요

세계의 여러 음식은 나라마다 특징이 있어요. 자연 환경이 다르기 때문에 주로 먹는 재료가 다르고, 또 나라별로 종교나 풍습에 따라 먹지 않는 음식이 있기도 하지요.

다른 나라에서 온 음식이지만, 우리나라 사람의 입맛과 재료에 맞게 바뀐 음식도 있어요.

우리나라 사람들이 좋아하는 음식 중 하나인 자장면은 원래 중국 사람들이 먹던 음식이었어요. 우리나라에는 인천항이 열리며 중국 사람들이 우리나라에 와서 살면서 이 자장면

● 중국의 자장면과 우리나라의 자장면 ●

이 소개되었어요. 원래는 춘장에 면을 비벼 먹는 음식이었는데, 우리나라 사람들이 다르게 조리하면서 지금 먹는 자장면의 모습이 되었답니다.

또, 돈가스는 독일이나 스위스, 유럽 지역에서 고기를 튀겨 만든 슈니첼이 일본에 소개되어서 그 형태가 바뀌었어요. 이 일본식 돈가스가 우리나라로 건너와 우리나라 방식에 맞게 바뀌었지요. 그래서 우리나라 돈가스는 슈니첼이나 일본식 돈가스와는 맛과 모양이 많이 다르답니다.

만두 역시 원래는 중국 음식이라고 전해지지만, 우리나라에서도 고려 시대부터 먹었다고 전해져요. 우리나라에서도 오랫동안 먹은 음식이기 때문에 중국의 만두와 우리나라의 만두는 재료나 모양이 서로 다르다고 해요. 각자 나라에 맞게 음식도 변하는 것이지요.

　그런데 세계의 여러 나라 중에서는 특정한 음식 재료를 먹지 않는 경우도 있어요. 예를 들어 이슬람교와 유대교를 믿는 사람은 돼지고기를 먹지 않아요. 이슬람교를 믿는 사람들이 보는 《코란》에 돼지고기를 먹지 말라고 적혀 있기 때문이에요. 또 유대교를 믿는 사람들도 《구약 성서》의 내용에 따라 먹지 않는다고 해요. 힌두교를 믿는 사람들은 소고기를 먹지 않아요. 힌두교에서 소를 신성하게 생각하기 때문이지요. 인도와 네팔 사람들은 주로 힌두교를 믿어서 소고기로 만든 음식들은 먹지 않는다고 해요.

● 세계 여러 나라의 전통 음식 ●

불교를 믿는 사람들은 육식을 하지 않기도 하지요.

각자가 믿는 종교를 따르는 것이기 때문에 특정 음식을 먹지 않는 사람들에게 금지된 음식을 먹어 보라고 권하거나, 안 먹는 걸 이상하게 바라보는 것은 옳지 않아요. 사람마다 자신이 따르는 종교와 생활을 이해하고 존중해 주어야 해요.

사람들은 저마다 살아온 환경과 종교, 습관이나 풍습이 다르기 때문에 각자의 입장과 차이를 이해해야 해요. 어떤 음식을 먹지 않는다고 해서, 혹은 나와 먹는 음식이 다르다고 해서 그것이 틀린 것은 아니니까요.

여러분은 우리나라의 음식 중 무엇을 좋아하나요? 또 다른 나라에 살고 있는 친구들에게 소개하고 싶은 음식은 무엇이 있나요? 그 음식은 어떻게 만들어 먹을 수 있는지 친구들에게 만드는 방법을 소개해 보세요.

 내가 좋아하는 우리나라 음식을 그려 보세요.

🔴 내가 좋아하는 음식을 만드는 방법을 조사하여 요리하는 과정을 소개해 보세요.

재료 _____

만드는 방법

1. _____
2. _____
3. _____
4. _____
5. _____

    여름 방학 내내 서연이는 할머니 가게와 여령이 집을 오가며 신나게 놀았지요. 그 덕분인지 얼굴이 까무잡잡해지고 건강해졌어요.

    어느새 개학 날이 다가왔어요. 서연이는 이번 개학 날이 더 설레고 특별했어요. 전학 날이기도 하니까요. 서연이는 엄마와 여령이와 함께 학교로 향했어요.

"너와 같은 반이 되면 퍽 좋을 텐데. 그래도 뭐 다른 반이면 어때? 늘 볼 텐데. 참, 나는 이제 엄마가 이직하셔서 돌봄 교실에 있을 거야. 너는 어떻게 지내?"

이번 달부터 여령이 엄마가 회사에 매일 출근하게 되었대요. 그래서 여령이는 엄마가 퇴근할 대까지 수업이 끝난 후에도 돌봄 교실에 있어야 한대요.

서연이는 시무룩해졌어요. 여령이와 같은 반이 안 될까 봐 걱정이었어요. 여령이 없이 학교 수업이 끝난 후에 뭘 할까도 걱정이었고요.

"서연아, 속상해 하지 마. 여령이랑 방과 후 수업을 함께해도 되고, 반이 달라도 계속 친구잖니? 그리고 네가 새로운 친구를 사귀면 네 친구랑 여령이랑 다 함께 놀면 되잖아."

엄마 말이 맞아요. 여령이랑 같은 반이 되지 않아도 서연이랑 여령이는 계속 친구일 테니까요. 어떤 반에 가든, 어떤 친구들을 만나든 걱정 없을 것 같다는 생각도 들었거든요. 서연이 곁에 여령이처럼 든든한 친구가 항상 함께할 테니까요.

　서연이 엄마가 교무실에서 인사를 하는 동안 여령이는 2학년 3반 교실로 들어갔어요. 아쉽지만 서연이 교실은 1반이었어요. 담임 선생님은 상냥해 보이는 여자 선생님이었어요.

"안녕? 나는 박서연이라고 해. 만나서 반가워. 잘 부탁해."

　서연이는 두근거리는 마음으로 아이들에게 인사를 했어요. 금발을 한 남자애도 있고, 서연이네 3층에 사는 아이와 비슷하게 생긴 아이도 있었어요. 또 서연이처럼 한국 아이도 있고요. 서연이는 반 아이들에게 좋은 친구가 되고 싶고, 또 좋은 친구를 사귀고 싶었어요.

"자, 저기 루도빅 옆자리에 앉으렴."

　선생님이 정해 준 자리는 하필이면 금발을 한 남자아이의 옆자리였어요. 서연이는 영어를 한마디도 못해요. 그래서 괜히 영어를 쓸 것 같은 외국인을 보면 두렵고 긴장돼요.

　첫 시간은 그럭저럭 지나갔어요. 루도빅은 조용한 성격인 것 같았어요. 쉬는 시간이 되자 몇몇 아이들이 서연이 주변으로 몰려와 말을 걸었어요. 아직 우리말이 서툰지 어색하게 우리말을 하는 외국인 친구들도 있었고요.

무사히 학교 수업을 마치고서 서연이는 교문 앞에서 태권도장으로 가는 버스를 탔어요. 오늘부터 태권도장에 다니기로 했거든요. 버스에 탄 서연이는 한 여자아이를 보고 놀랐어요. 그 아이도 살짝 놀란 표정을 지었어요.

"어!"

서연이도 그 아이도 서로 알아보고 배시시 웃었어요. 같은 반인 친구였거든요. 그 아이도 서연이가 다니는 태권도장에 다니나 봐요.

"나는 아일라야."

아일라는 터키에서 왔대요. 터키라면 서연이도 조금 알아요. 케밥도 먹어 봤고, 터키 아이스크림도 먹어 봤거든요. 서연이네 집 3층에 사는 야스민과 비슷한 옷차림을 한 걸 보니 아일라도 분명 이슬람 종교를 믿는 것 같았어요.

"나는 박서연이야."

아일라가 하얀 이를 드러내며 웃었어요. 눈이 크고 속눈썹이 짙은 아일라는 웃는 모습이 정말 예뻤어요. 아일라와 서연이는 금세 친해져 조잘조잘 이야기를 나누었어요. 아일라는 전학 온 서연이를 위해 반 아이들에 대해 이런저런 이야기를 들려주었어요.

"정말? 대박!"

제일 놀라운 건 바로 서연이의 짝 루도빅에 관한 이야기였어요.

"나는 루도빅이 미국에서 온 줄 알았어. 그런데 프랑스인이었구나. 나는 영어를 한마디도 못해. 그래서 오늘 루도빅에게 아무 말도 못했어."

"나도 그래. 영어 너무 어려워."

서연이와 아일라는 마주 보며 웃었어요.

서양 사람이라고 다 영어를 쓰는 나라에서 온 건 아닌 것 같아요. 사실 외모만으로는 어느 나라에서 왔는지 알아채기 힘들었어요. 검은 눈동자에 검은 머리카락을 한 서연이나 여령이를 보고 같은 나라 사람인지 아닌지 헷갈려 하는 외국인도 많을 테니까요.

태권도장에 처음 갔지만 아일라가 있어서인지 서연이는 재미나게 수업을 했어요.

다음 날 서연이는 루도빅에게 편안한 마음으로 말을 걸었어요. 서연이가 말을 걸자 루도빅도 반갑게 대꾸했어요.

"너도 내가 영어만 말하는 줄 알았구나. 나도 그랬는데. 한국 애들은 어릴 때부터 영어 유치원에도 다니고 영어 공부 많이 한다고 해서 좀 걱정했어. 난 영어 싫어하거든."

"정말? 나도 그래. 영어 너무 어렵고 힘들어."

"나도! 생긴 건 영어만 하게 생겼지만 나도 영어는 너무 너무 어려워."

루도빅의 말에 서연이는 웃음을 터뜨리고 말았어요. 루도빅의 엄마, 아빠는 프랑스 사람인데 루도빅은 한국에서 태어났대요. 그래서 루도빅은 영어를 배워 본 적이 없다고 해요. 그런데 사람들은 루도빅이 당연히 영어를 잘할 줄 알고 자꾸만 영어로 말을 시켜 당황스럽다지 뭐예요.
　영어가 어려운 건 루도빅뿐만이 아니에요. 아일라도 영어라면 고개를 절레절레 흔들어요. 아마 여령이도 영어가 싫다고 대답할 거예요. 비밀인데 여령이는 자기 나라 말이지만 중국

어도 어려워서 싫대요. 된장찌개가 좋은 만큼 한글이 좋대요. 한글은 배우기도 쉽고 재미있다나요. 이렇게 각자 나라의 언어가 있는데도 영어를 공부해야 하는 게 잘 이해되지 않지만 3학년 때부터는 영어를 배운다니 조금 걱정이에요.

하루하루 지나며 서연이는 조금씩 반 친구들과 친해졌어요. 프랑스, 중국, 일본, 한국, 터키, 미국, 베트남까지. 서연이네 반에는 다양한 나라에서 온 친구들이 함께 생활해요. 그래서일까요? 담임 선생님은 아침저녁으로 늘 말씀하셨어요. 언어도 다르고, 먹는 음식도 다르고, 풍습도 조금씩 다른 친구들이 같은 교실에서 어떻게 생활해야 되는가에 대해서요.

서연이는 선생님의 말씀을 마음속에 새겼어요. 그래서 친구가 되면 서로 이해해 주려고 하고 이해가 안 되는 부분은 그냥 넘어가기도 했지요. 여령이랑도 마음이 잘 맞는 단짝이지만 태어나고 자란 곳이 다르기 때문에 생각이 늘 같을 수 없다는 걸 여러 번 깨달았거든요.

서로 언어는 다르지만 함께 쓰는 언어도 있어요

　세계 여러 나라 사람들이 쓰는 말이 몇 가지인지 알고 있나요? 워싱턴포스트 신문에 따르면 세계에는 언어가 7,000여 가지 있다고 해요. 그중 사람들이 많이 쓰는 언어는 250여 가지 정도예요. 아주 오래된 옛날 말이거나, 글자로 되어 있지 않아서 점차 사라진 말들도 있어요.

　자기 나라에서 쓰는 말을 가리켜 '모국어'라고 해요. 우리의 모국어는 '한글'이지요. 반대로 우리나라 말이 아닌 다른 나라의 말은 '외국어'라고 해요. 자기 나라의 말과 글을 쓰는 것

은 매우 중요해요. 같은 나라 또는 같은 민족이라는 뜻이니까요. 만약 자기 나라의 말이 없다면 어떻게 될까요?

　옛날에 일본이 우리나라를 침략했을 때 한글 대신 일본어를 쓰게 했어요. 한글을 쓰지 못하게 하여 사람들이 서로 생각하는 것을 말로 나누지 못하게 막은 것이지요. 그렇게 해서 우리나라 사람들이 똘똘 뭉치는 것을 방해한 거예요.

　우리나라뿐만 아니에요. 옛날에 다른 나라를 침략한 나라들은 그 나라 사람들이 서로 이야기하지 못하도록 언어를 금지시키기도 했대요.

　2월 21일은 유네스코가 지정한 '국제 모국어의 날'이에요. 이 날은 각 나라의 언어를 존중해 주고, 자기 나라의 말을 소중하게 생각하도록 만든 기념일이에요. 우리나라는 10월

9일을 '한글날'로 정했어요. 한글이 만들어진 날을 기념하며 우리말을 소중하게 생각하고 보호하도록 노력하고 있어요.

세계에는 다양한 언어가 있어요. 우리가 배우는 영어는 영국, 미국, 캐나다를 비롯하여 많은 나라에서 사용하지요. 또 중국, 일본, 러시아 같이 자신만의 모국어를 가진 나라들도

● 세계 여러 나라의 언어 ●

안녕하세요? 우리말	你好. 중국어	こんにちは 일본어
Hello 영어	Здравствуйте 러시아어	خيرا صباح 아랍어
Bonjour 프랑스어	Guten Tag 독일어	¡Hola! 스페인어

많아요. 각자의 글자를 사용하여 글을 쓰고 말해요. 글자 수도 다르고 글자의 모양도 다르답니다.

이렇게 말도 글자도 모두 다른데, 전 세계 사람들은 어떻게 서로 대화할까요? 어떤 나라는 하나의 국가여도 다양한 민족이 살고 있어서 서로 말이 다르기도 해요. 그럼 그 나라 사람들은 같은 국민인데도 서로 대화하지 못하는 걸까요?

많은 사람들이 사용하는 언어 중 '영어'는 나라 간에 교류를 하는 것은 물론 개개인이 외국을 여행할 때도 두루 사용하는 세계어예요.

세계에 있는 언어를 전부 배우지 않더라도 영어를 알면 조금 쉽게 외국인들과 말할 수 있지요. 하지만 우리나라는 영어가 모국어가 아니기 때문에 따로 배워야 해요.

이렇게 여러 나라 사람들이 함께 사용하는 말 중에는 영어 말고도 아랍어, 프랑스어, 스페인어, 중국어, 독일어 등이 있

55

어요. 모두 경제적으로 강하고 힘이 센 나라들의 언어이지요.

　그렇다고 해서 이 나라들의 언어만이 훌륭한 것은 아니에요. 언어는 서로 말하거나 쓰면서 소통하기 위해 반드시 필요한 거예요. 모든 언어는 소중하고 가치 있답니다. 우리나라뿐만 아니라 다른 나라의 언어를 소중하게 여기고, 바르게 사용하고, 보호하는 것이 필요해요.

　그러므로 원래 뜻을 잘 모를 만큼 말을 줄이거나 외국어를 더 많이 쓰거나, 외국어와 섞어서 우리말을 바꾸는 것은 바르지 않아요. 우리가 쓰는 말 중에 바르지 못한 말은 어떤 것이 있는지 생각해 보고, 어떻게 쓰는 것이 바른 말인지 알아보세요.

잘못 사용하고 있는 말	➡	바르게 사용하는 말
_____	➡	_____
_____	➡	_____
_____	➡	_____

생일 파티에서 생긴 일

서연이는 아일라와 어색한 웃음을 주고받았어요. 아마 아일라도 뭔가 어색하고 불편한가 봐요. 오늘은 민수 생일이에요. 그래서 반 친구들 모두 민수의 생일 파티에 초대를 받았어요. 민수네 엄마는 민수가 다니는 합기도장을 빌려 생일 파티를 열어 주었어요.

아이들은 사범님과 함께 재미난 게임도 하고 놀이를 했어요. 처음에는 조금 어색했지만 함께 뛰어놀다 보니 어느새 어색한 것도 사라지고 재미있어졌어요.

한참 재미나게 게임을 하고 있는데 아일라가 벌떡 일어나 도장 밖으로 나가려고 했어요. 서연이는 아일라가 기도를 하러 가는가 보다 생각했지요. 아일라는 기도 시간을 중요하게 여기거든요.

"야, 너 지금 어디 가? 네가 빠져 버리면 우리 팀이 지잖아."

그런데 영민이가 아일라에게 소리쳤어요. 다른 아이들도 모두 게임을 멈추고 아일라를 쳐다보았어요. 신발을 신고 밖으로 나가려던 아일라는 당황해 얼굴이 빨개지고 말았어요.

"얘들아. 잠깐만, 잠깐만 쉬었다가 하자."

아이들의 분위기가 심상치 않자 사범님이 아일라에게로 다가갔어요. 아일라는 시계를 보며 초조한 표정을 감추지 못했어요. 아일라는 시간을 맞춰서 기도하는 게 무척 중요하니까요. 사범님과 짧게 이야기를 나눈 아일라는 다급하게 밖으로 나갔어요. 그 모습을 보며 아이들은 몹시 투덜거렸어요.

"나는 쟤 좀 무섭더라."

"맞아. 기도하는 거 들어 본 적 있어? 무슨 말로 기도하는 걸까?"

"왜 그렇게 말해? 그건 그냥 이슬람 관습이잖아. 너희한테 피해를 주는 것도 아닌데 왜 트집 잡냐?"

"피해를 주지 왜 안 줘."

아이들끼리 아일라의 기도를 놓고 이러쿵저러쿵 말하기 시작했어요.

사실 몇몇 아이들은 아일라를 유별나다고 생각했어요. 아일라가 머리에 쓴 차도르나 급식 시간에 아일라가 먹지 않는 음식들 때문이었지요. 또 기도 시간이 되면 슬쩍 교실 밖으로 나가는 것도요.

그래서일까요? 아일라는 서연이와 있을 때와 반 아이들과 함께 있을 때가 조금 달랐어요. 교실에서는 되도록 웃지도 않고, 이야기도 하지 않았지요. 안 그래도 옷차림과 습관들이 남다른데 말실수라도 하면 아이들이 싫어할까 봐 조심하는 것 같았어요. 기도할 때 아일라가 중얼거리는 것을 듣고 몇몇 아이들이 주문이라고 놀렸을 때는 서연이도 마음이 무척 불편했어요.

 아일라는 생활 속에서 따라야 하는 것들이 있어요. 바로 아일라가 믿는 종교 때문이에요. 그런데 반 친구들이 아일라의 그런 사정을 알면서도 아일라를 나쁘게 이야기하는 것이 서연이는 속상했어요.

 서연이네 윗층에 사는 일곱 살 야스민이 돼지고기를 무척 먹고 싶어 한다는 걸 알았을 때도 서연이는 마음이 아팠어요. 야스민은 유치원에서 점심으로 돈가스가 나오거나 돼지고기가 들어간 카레가 나오면 그 반찬은 빼고 먹는대요. 맛이 궁금할 텐데 자기가 믿는 종교가 중요하기 때문에 먹지 않는 것이지요.

"미, 미안해. 죄송합니다."

기도를 마친 아일라가 들어와 다시 게임이 시작됐어요. 하지만 한 번 흥이 깨어져서인지 아니면 다들 배가 고파서인지 처음처럼 신나지가 않았어요.

"다들 지쳤구나. 자, 아래층에 민수 어머님이 준비하신 간식과 케이크가 있어. 모두 그리로 가서 생일 파티를 즐겁게 하려무나."

사범님의 말에 아이들이 소리를 지르며 아래층으로 내려갔어요. 아래층에 있는 관장실에 맛있는 음식이 푸짐하게 차려져 있었어요. 서연이도 배가 고팠던 터라 군침이 돌았어요.

"아일라, 맛있는 거 되게 많다. 그치?"

서연이는 대답 없는 아일라를 보았어요. 아, 그러고 보니 탁자 위에 차려진 음식은 햄버거와 돈가스, 피자였어요. 모두 돼지고기가 들어간 음식이었어요. 아일라는 먹을 수가 없었지요.

민수 엄마는 아일라가 돼지고기가 든 음식을 못 먹는다는 것을 알고 무척 당황하신 것 같았어요.

"이런, 어쩌니? 아줌마가 생각을 못했어. 햄버거는 고기 패티를 빼면 먹을 수 있지? 과일이랑 과자는 넉넉하게 있으니까 많이 먹어. 알겠지?"

"네. 괜찮아요. 여기 과일이랑 과자 많이 있으니까 그거 먹을게요."

아이들이 다 자리에 앉자 민수 엄마는 커다란 케이크를 꺼내 초에 불을 붙였어요.

"자, 먹기 전에 생일 축하부터 할게."

먹음직스러운 케이크에 꽂힌 아홉 개의 초에 불이 켜졌어요. 아이들은 생일 축하 노래를 불렀어요.

"생일 축하합니다. 생일 축하합니다. 사랑하는 민수의 생일 축하합니다."

"와~."

민수가 소원을 빌고 촛불을 끄자 아이들이 준비한 선물을 건넸어요. 서연이와 아일라도 민수에게 선물을 주었어요. 민수는 싱글벙글 웃으며 아이들에게 받은 선물을 풀어 보았어요. 아이들도 모두 선물이 무엇인지 궁금했지요. 민수는 포장이 제일 큰 선물부터 풀어 보았어요.

"어, 이게 뭐야. 인형이잖아."

큰 상자 속에 든 건 귀여운 판다 인형이었어요. 중국에서 온 왕정봉의 선물이었지요. 하지만 민수는 왕정봉이 선물한 판다 인형을 보고 시큰둥한 표정을 지었어요.

"이거 되게 좋은 거야. 중국에서는 판다가 의미하는 게 많거든."

"나 인형도, 중국산도 별로인데. 암튼 고마워."

민수는 정봉이의 설명을 귀담아 듣지 않고 판다 인형을 멀리 치워 버렸어요. 그 모습을 본 정봉이는 무척 기분이 상한 것 같았어요.

"와, 이거 뭐야. 엄청 근사하다."

민수는 루도빅이 선물한 볼펜을 보고 감탄했어요. 에펠탑 모형이 달리긴 했지만 서연이 눈에는 평범한 볼펜이었어요. 하지만 민수는 무척 마음에 들어 했어요.

"아빠가 지난번에 프랑스에 갔을 때 사 오신 거야."

"진짜? 이거 프랑스에서 사 온 거야? 어쩐지 되게 좋아 보이더라. 대박 멋있다. 프랑스는 볼펜도 근사하다."

정봉이의 선물을 받았을 때랑 너무 반응이 달랐어요. 서연이는 마음이 좀 불편했어요. 서연이가 보기에는 판다 인형이 훨씬 더 크고 멋졌거든요.

민수가 선물을 다 풀어 보자 아이들은 햄버거를 먹기 시작했어요. 신나게 뛰어놀았더니 서연이도 무척 배가 고팠어요. 그래서인지 햄버거가 정말 맛있었어요.

"아일라, 너 돈가스 진짜 안 먹어?"

민수가 아일라에게 돈가스를 내밀었지만 아일라가 고개를

저었어요.

"그냥 오늘 한 번만 먹어. 한 번인데 어때?"

"맞아. 너무 유별난 거 아냐. 너희 나라는 진짜 이상한 풍습이 있는 것 같아."

그런데 몇몇 아이들은 아일라에게 핀잔을 주었어요. 아일라

가 고기 패티를 뺀 맛없는 햄버거를 먹어야 하는 것도 안타까운데 아이들이 자꾸 아일라에게 뭐라고 하니 서연이는 기분이 점점 나빠졌어요.

'대체 아이들은 왜 아일라의 기분을 조금도 생각하지 않는 걸까? 아일라가 유별난 게 아닌데. 종교가 달라서 먹는 게 다르다는 걸 왜 이해해 주지 않는 거야? 아일라는 얼마나 불편하고 속상할까?'

서연이는 아일라의 상황을 헤아리지 않는 친구들이 답답했어요.

편견을 가지고 문화를 보면 더 넓은 세계를 만날 수 없어요

　우리는 어떤 일을 경험할 때, 보이는 것을 그대로 믿기도 해요. 그래서 겉모양이 좋아 보이면 다른 것은 살피지 않고 무조건 좋아하기도 하고, 나에게 없는 것을 누군가 가지고 있으면 부러워하지요. 다른 사람들이 많이 사용하면 무조건 좋은 것이라고 생각하기도 하고요.

　하지만 그런 생각들이 꼭 옳은 것만은 아니에요. 이렇게 한쪽으로 치우친 생각을 '편견'이라고 해요. 편견을 갖고 있으면 어떤 것이든 그것이 지닌 다른 면을 보지 못해요. 그리고

그것이 지닌 가치나 중요함을 이해하지 못하기도 해요. 그러니까 쉬운 말로 '진짜 보배'를 알아보지 못하는 것이지요.

 특히 다른 나라의 생활이나 문화를 이야기할 때에는 우리가 이런 편견을 가지고 있지는 않은지 생각해야 해요. 문화는 각 나라의 자연환경과 거기 사는 사람들의 생활 방식으로 만들어져요. 다른 나라의 문화는 우리가 직접 경험하거나 만들어 낼 수 있는 것이 아니기 때문에 우리가 더 좋은지 여부를 따질 수 없어요. 말이나 생활 방식, 음식, 옷, 집처럼 문화를 이루는 것들은 그 나라 사람들이 오랜 시간 동안 사용하면서 가장 좋은 방식으로 만들어 온 것이에요.

편견을 가지고 문화를 보는 태도 가운데 '문화 사대주의'라는 것이 있어요. 문화 사대주의는 다른 나라의 문화가 자기 나라의 문화보다 더 좋은 것이라 믿고, 그것을 무조건적으로 따르는 것을 말해요. 다른 나라의 문화를 무조건적으로 좋아하면서 자신의 문화는 수준이 낮다고 생각하는 것이지요.

예를 들어, 백인의 하얀 피부는 멋있다고 생각하면서, 유색인의 피부는 그렇지 않다고 생각하는 것도 문화 사대주의지요. 또, 옛날 우리나라에서 처음 한글을 만들었을 때 중국의 글자인 한자를 쓰던 양반들이 한자를 더 우월하게 생각하고 한글은 평민이나 하인들만 쓰는 글자라고 무시한 것도 문화 사대주의의 예라고 할 수 있어요.

전쟁이나 경제적인 힘으로 강대국이 된 나라가 우월하다는 편견 때문에 생긴 것이지요.

또 외국의 물건은 비싸고 좋은 것이라고 생각하고, 우리나

라의 물건은 그렇지 못하다고 생각하는 것도 마찬가지예요.

　영어로 쓴 간판은 멋지다고 생각하면서 순우리말로 쓰인 간판은 촌스럽게 생각하는 것도요.

　그런데 우리나라의 문화를 소중하게 생각하지 않고, 다른 나라의 문화만 좋다고 생각한다면 어떤 문제가 생길까요?

　아마 우리나라의 전통 방식이나 문화재를 소중하게 대하지 않아서 망가질 수도 있고, 다른 나라의 물건들만 쓰고 우리의 것을 쓰지 않아서 점점 우리 것을 잃게 될 거예요. 당장 일어나지 않더라도 이런 일이 계속되면 우리의 문화들이 점점 사라지겠지요. 우리가 살고 있는 나라가 어떤 나라인지 모르게 바뀌어도 괜찮을까요?

그런데 반대로 자기 문화만 중요하고 우수하다고 생각하고 다른 나라의 문화를 무시하거나 낮게 보는 생각도 있어요. 이것을 '자문화 중심주의' 또는 '국수주의'라고 불러요.

예를 들어, 자기 나라에서 만든 물건이 더 우수하다고 여기며 다른 나라의 물건을 낮게 평가하는 태도들이 그러해요. 자신의 문화를 우수하게 생각하고 지키려는 것은 좋지만, '자신의 문화만' 중요하고 우수하다고 생각하는 것은 옳지 않아요. 이런 생각은 다른 나라에 자신의 문화를 강요하고, 다른 나라를 침범하게 만들기도 하지요.

예를 들어 볼까요? 처음 아메리카 대륙에 간 유럽 사람들은 그곳에 원래 살던 원주민들을 인정하지 않았어요. 원주민을 없애려고 하거나 지배하려고 했지요. 원주민을 노예로 부리기도 했고요.

또 크고 작은 전쟁으로 다른 나라에 침략했던 나라들은 자신들이 그 나라를 정복했다고 생각했어요. 그래서 침략당한 나라들의 문화를 없애고 자기 나라의 문화를 받아들이도록 강요했어요.

일본이 우리나라를 침략했을 때, 일본어를 쓰게 하거나 일본 이름을 짓도록 한 것도 그러한 예이지요.

여러분은 우리나라의 문화 중 좋은 문화라고 생각하는 것은 무엇인가요? 또 좋지 못한 문화라고 생각하는 것은요? 그 이유는 무엇인가요?

친구들과 함께 이야기를 나누어 보세요.

📝 우리나라의 문화 중 좋은 문화라고 생각하는 것과 이유

- _____
- _____

📝 우리나라의 문화 중 좋지 못한 문화라고 생각하는 것과 이유

- _____
- _____

다른 나라의 문화 중 좋은 문화라고 생각하는 것과 좋지 못한 문화라고 생각하는 것에 대해 그 이유를 들어 생각해 보고 친구들과 함께 이야기해 보세요.

✏️ 다른 나라의 문화 중 좋은 문화라고 생각하는 것과 이유

- _____
- _____

✏️ 다른 나라의 문화 중 좋지 못한 문화라고 생각하는 것과 이유

- _____
- _____

좋은 문화? 나쁜 문화? 다른 문화일 뿐이야!

서연이네 반은 그동안 꽤 바빴어요. 바로 겨울 1단원 두근두근 세계 여행을 공부하느라 그랬지요. 두근두근 세계 여행을 더 재미있게 공부하기 위해 선생님이 멋진 제안을 하셨거든요. 모둠별로 소개하고 싶은 나라를 맡아 그 나라에 대해 조사하고 발표를 하기로 했어요.

반 아이들은 모둠마다 맡은 나라에 대해 자료를 찾아 발표

문을 썼어요. 또 각 나라의 전통 음식, 전통 옷도 만들었어요.

　여러 나라의 전통 음식을 만든 날은 마치 요리 경연 대회라도 하는 것 같았어요. 재잘재잘 소곤소곤 떠들며 점토로 음식을 만들던 아이들은 갑자기 교실을 찾아온 피자 배달 아저씨를 보고 깜짝 놀랐어요. 가짜 피자를 만들다가 진짜 피자를 먹게 될 줄 몰랐거든요. 발표 준비를 열심히 하는 아이들이 기특해 선생님이 진짜 피자를 선물하신 거였어요.

　아이들은 날마다 머리를 맞대고 발표할 나라에 대해 조사했답니다. 새롭게 알게 된 사실이 재미나고 신기하기도 했어요. 교실에는 아이들의 웃음소리가 넘쳐 났어요.

　서연이도 발표 준비가 정말 재미있었어요. 서연이네 모둠은 터키에 대해 조사하기로 했어요. 아일라가 태어난 곳이어서 서연이도 관심이 많아졌거든요. 서연이와 아일라, 정봉이, 진아는 터키에 대해 열심히 공부했답니다.

　"터키어로 '안녕하세요'는 '메르하바'야."

아일라에게 터키어를 배우는 것도 재미있었지요. 또 터키의 집은 남자와 여자가 쓰는 공간이 따로 정해져 있다는 것도 신기했어요. 터키에 대해 별 관심이 없던 정봉이와 진아도 새로운 것을 알게 될 때마다 흥미로워했어요.

"자, 오늘은 드디어 두근두근 세계 여행의 마지막 수업 날이에요. 1, 2교시에는 각 모둠이 맡은 나라의 전통 가옥과 자랑거리 건축물을 만들 거예요. 그리고 놀이 시간에는 잠시 쉬었다가 3교시부터 발표할 거예요."

선생님의 말씀에 서연이와 아일라는 마주보며 웃었어요. 오늘을 위해 그동안 정말 준비를 많이 했으니까요.

"다 같이 조사하고 준비했으니까 모두 한 가지씩 발표하도록 하세요. 이제 전통 가옥과 건축물을 만들어 볼까요?"

선생님의 말씀이 끝나자 아이들은 집에서 가져온 상자, 휴지심 같은 재료를 책상 가득 펼쳐 놓았어요.

서연이네 모둠은 터키의 전통 가옥인 2층집과 이슬람 사원을 만들기로 했어요. 정봉이가 아이스크림을 먹고 남은 나무 대를 깨끗이 씻어 왔어요. 터키의 전통 가옥은 나무로 만든 목조 주택이거든요. 또 음료수 컵 뚜껑을 이용해 이슬람 사원도 멋지게 꾸몄어요.

"자, 2교시까지 이어서 만들 거니까 화장실에 갈 사람은 조용히 다녀오도록 하세요."

선생님이 자리를 비우자 아이들은 화장실에 다녀오고 다른 모둠이 만드는 것을 구경했어요. 다들 전통 가옥과 건축물을 멋지게 만들려고 단단히 준비를 해 온 모양이에요. 재료도 각양각색이고 꾸미는 방법도 다양했어요.

드디어 만들기가 끝나고 발표 시간이 되었어요.

"자, 그동안 발표 준비를 하느라고 모두 고생했어요. 그럼 이제부터 발표하는 시간을 가져 볼거요."

제일 먼저 발표를 한 건 프랑스를 맡은 루도빅 모둠이에요. 루도빅은 처음에 어색해서 쭈뼛쭈뼛 댔지만 샹송도 부르고,

프랑스를 대표하는 음식과 유명인도 소개했지요. 모둠 아이들이 함께 만든 에펠탑을 보고 아이들은 박수를 쳤어요. 나무 젓가락에 사인펜을 칠해 만든 에펠탑이 꽤 근사했거든요.

　그 다음 모둠은 바로 재현이네 모둠이었어요. 재현이네 모둠은 베트남에 대해 소개했어요. 도화지로 대충 만든 베트남 전통 의상 아오자이를 몸에 두른 준형이 때문에 아이들은 웃음을 터뜨렸어요.

　"나는 미국에 대해 말할 거야. 모두 미국이 강대국인 건 알고 있지? 그래서 미국은 자랑거리도 엄청 많아."

　민수네 모둠은 미국에 대해 소개 했어요. 그런데 민수가 미국의 자랑거리에 대해 말하면서 으스대는 것이 조금 불편하게 느껴졌어요.

　이탈리아, 스페인에 이어 서연이네 모둠이 맡은 터키 차례가 되었어요. 서연이와 친구들은 정성껏 만든 건축물과 집을 보여 주며 열심히 설명했어요. 평소 말이 없는 아이라였지만 조국인 터키에 대해 이야기할 때는 아주 열심이었어요.

"그런데 이슬람 사원이 왜 터키의 자랑거리 건축물이야? 터키가 이슬람을 대표하는 국가는 아니잖아. 모양도 좀 이상한 것 같은데."

민수의 말에 아이들이 수군거리기 시작했어요. 아일라는 당황해서 대답을 하지 못하고 머뭇거리다가 그만 눈물을 글썽이고 말았고요.

마침 종이 친 게 얼마나 다행이었는지 몰라요. 아일라는 친구들 앞에서 눈물을 보인 게 부끄러웠는지 얼른 화장실로 갔어요.

"민수야, 아일라가 화장실에 다녀오면 꼭 사과하렴."

민수는 선생님께 그러겠다고 대답만 하고는 급식실로 가 버렸어요. 그런 민수를 보며 아일라보다 정봉이가 더 괘씸해했어요.

"아, 이거 중국산 아닌가? 중국산은 별로인데. 먹지 말아야

겠다."

"야, 곽민수! 너 지금 뭐라고 했냐!"

급식실에서 밥을 먹던 정봉이는 참지 못하고 민수에게 소리를 지르고 말았어요. 정봉이는 민수가 모둠원들과 만든 건축물에 트집을 잡은 것도 화나고, 아일라에게 사과를 하지 않은 것도 화났어요. 그런데 급식으로 나온 짜장 밥을 보고 중국산이 어쩌고저쩌고 떠드는 민수를 보고 폭발한 것이었지요.

사실 정봉이는 지난번 민수 생일 때부터 민수에게 감정이 좋지 않았어요. 정봉이가 선물한 판다 인형을 가지고 이러쿵저러쿵한 것이 정말 기분 나빴어요. 판다 인형은 중국에서는 정말 좋은 의미를 지닌 선물이거든요.

"야, 왜 소리를 지르고 그래?"

"네가 시비를 걸잖아. 아까 우리 모둠 건축물도 그렇고, 지금도 중국산이 뭐 어떻다고? 너 왜 자꾸 뭐라고 하는 거야?"

"뭐 어떻기는, 어른들이 중국산 나쁘다고 하잖아. 황사도 다

중국 때문이라고! 중국 사람들이 만든 물건은 고장도 잘 난대. 그리고 네가 준 판다 인형 되게 후져. 바느질도 후지고."

민수의 말에 머리끝까지 화가 난 정봉이는 민수의 멱살을 잡고 말았어요. 그 바람에 주변에 있던 아이들도 놀라고 선생님들까지 달려오시고 말았어요.

세계 여러 나라의 문화는 흥미로워요

　세계 여러 나라 사람들은 서로 다른 환경에서 살기 때문에 나라마다 또는 지역마다 집의 모양이 다르기도 하고, 사람들이 사는 모습도 다르지요. 입는 옷이나 먹는 음식, 사용하는 언어도 다르고요.

● 세계의 전통 가옥 ●

우리나라의 기와집

태국의 수상 가옥

몽골의 게르

알래스카의 이글루

러시아의 통나무집

지중해의 집

말레이시아의 고상 가옥
아프리카의 흙집

● 세계 여러 나라의 전통 의상 ●

아프리카의 전통 옷

중국의 치파오

베트남의 아오자이

일본의 기모노

네덜란드의 고깔모자와 나막신

멕시코의 솜브레로

스코틀랜드의 킬트

아메리칸 인디언

　다른 나라로 여행을 간다면 여러분은 어떤 나라에 가고 싶은가요? 그 나라에서 어떤 것을 보고, 어떤 경험을 하고 싶은가요?

　여러분이 좋아하는 나라와 그 나라의 문화에 대해 조사해 보세요. 그리고 좋아하는 나라를 소개하는 신문을 만들어 보세요. (➡88쪽으로)

　외국에서 살고 있는 친구를 우리나라에 초대해 볼까요? 처음 온 외국인들을 만나면 여러분은 우리나라의 어떤 것을 소개하고 싶은가요? 외국인들에게 우리나라에 대해 소개하는 편지를 써 보세요.(➡89쪽으로)

나라 이름을 적으세요.

(   ) 신문

국기   국화

국기와 국화를 그려 보세요.

전통 음식   전통 의상

전통 음식이나 전통 의상을 그리거나 적어 보세요.

위인이나 유명인

언어

화폐

여행하고 싶은 도시나 장소

더 소개하고 싶은 내용

안녕? 우리나라에 온 것을 환영해.

너에게 우리나라에 대해 소개해 주고 싶어서 내가 초대장을 보냈어.

내가 너에게 소개하고 싶은 우리나라의 음식은 _____야.

이 음식은 _____

또, 우리나라의 유명한 장소도 소개해 주고 싶어. 너도 이곳에 가면 좋아할 거야.

그곳이 어디냐면 _____란다.

여기에 가면 _____
_____

내가 좋아하는 우리나라의 위인은 _____야.

이 분은 _____
_____

우리나라에 대해 더 궁금한 것이 있다면 언제든지 나에게 연락해도 좋아. 즐거운 여행이 되기를 바라.

○○가 보냄.

　선생님은 5교시 수업 시작종이 쳤는데도 창밖만 바라보고 계셨어요. 무척 화가 나셨나 봐요. 당연해요. 급식실은 전교생이 모여 점심을 먹는 곳이잖아요. 그런 곳에서 민수와 정봉이가 멱살을 잡고 다퉜으니 선생님이 얼마나 화가 났겠어요?

　민수와 정봉이의 싸움 때문에 서연이네 반 아이들 모두 밥을 먹고 쫓기듯이 교실로 왔어요. 아이들은 선생님의 눈치를 보며 자리에 앉았지요. 선생님은 그런 아이들을 말없이 지켜보기만 하셨어요. 그런데 그게 더 무섭고 긴장되지 뭐예요.

한참만에야 선생님이 말씀하셨어요.

"선생님이 오랜 시간 너희에게 세계 여러 나라에 대해 공부하게 한 의미가 뭘까?"

아이들은 선생님의 말을 듣고는 고개를 갸웃거렸어요. 급식실에서 다툼을 벌인 민수와 정봉이도 의아하기는 마찬가지였어요. 선생님께 야단을 맞을 줄 알았는데 갑자기 세계 여러 나라에 대해 공부한 것을 물어보시니까요.

"너희, 다른 친구들이 그동안 공부해서 발표한 것들을 보면서 느낀 게 정말 없니?"

선생님은 아무도 대답을 하지 않자 아이들이 만든 전통 가옥과 건축물을 들어 보였어요. 아이들이 각자 준비한 재료들로 정말 열심히 만든 것들이에요.

"좀 보렴. 어떤 나라의 집이건 훌륭하지 않은 게 있나? 나라마다 자기 환경과 상황에 맞게 발전해 왔잖아?"

몇몇 아이들이 고개를 끄덕였어요. 선생님 말씀이 맞아요. 그 어떤 나라의 집도 대충 지어진 것이 없었고, 역사를 살펴보면 사람들의 노력이 엄청나게 컸거든요. 하루아침에 만들어진 나라는 단 한군데도 없어요. 모두 크고 작은 어려움을 이겨 내고 나라마다 문화와 전통을 만들었어요. 그 역사를 지켜 내면서 지금의 모습을 갖추게 된 거예요.

서연이는 이번 수업을 준비하면서 느낀 게 정말 많아요. 아일라와 친구가 되어 곁에서 지켜보면서 사실 아일라가 믿는 종교가 불편하겠다는 생각을 여러 번 했었어요. 하지만 아일라에게 이슬람교의 전통과 의미에 대해 이야기를 듣고 나니 불편하고 나쁜 관습이라고만 할 수 없더라고요.

"나라의 크기가 작고 클 뿐이지 그 나라가 만든 문화에는 크고 작음이 없단다. 각 나라의 전통 가옥이 다른 것도 각자 주어진 환경이 달라서야. 집의 좋고 나쁨과는 관계가 없어."

몇몇 아이들은 선생님 말씀에 고개를 푹 숙였어요. 또 몇몇 아이들은 고개를 끄덕이기도 했어요.

"우리와 사는 모습이 다르다고 해서 틀린 게 아니란다. 우리가 왜 두근두근 세계 여행을 공부하는지 제대로 이해하면 좋겠어. 선생님은 자신과 다른 문화나 역사를 가진 나라에 대해 진심으로 설레는 마음을 품길 바랐단다. 어떤 문화를 무시하고 또 어떤 문화는 무조건 부러워하는 게 아니라."

선생님 말씀에 민수와 정봉이의 얼굴도 빨개졌어요.

"정봉이랑 민수는 서로 사과하고 반성문 써 오는 거다. 그리고 우리가 그동안 공부하고 만든 전시물을 복도에 전시하면 어떨까? 우리만 볼 게 아니라 다른 반 친구들도 보도록. 궁금해하는 친구들이 있으면 설명도 해 주고. 너희 생각은 어때?"

갑작스런 선생님의 제안에 아이들은 어리둥절한 표정을 지었어요.

"생각해 보니 우리 반 친구들만 보고 넘어가기에는 너희가 공부하고 만든 게 아까워서 말이야. 사실 우리 학교는 지역 특성상 다른 문화에서 살다 온 친구들이 많잖니? 그래서 좋은 점도 있고, 또 불편한 점도 있는 것 같아."

선생님 말씀이 맞아요. 서연이네 학교에는 여러 나라에서 온 친구들이 많아요. 그래서 좋은 점도 많아요. 멀리 나가지 않아도 친구들의 이야기를 통해 다른 나라에 대해 공부할 수 있으니까요.

하지만 불편하거나 어려운 점도 있어요. 문화나 종교가 너무 다른 친구들을 위해 조심하고 배려해야 할 것도 있거든요.

"선생님이 다른 반 선생님들께도 얘기할게. 그러니까 하교 후에 다른 반 아이들이 구경하고 갈 수 있도록 잘 꾸며 보자."

선생님의 밝은 표정 때문이었을까요? 아이들도 환한 표정으로 전시물을 가지고 하나둘 복도로 나왔어요. 5교시 수업 시간이 끝나는 종이 울리기 전까지 시간이 얼마 안 남았어요. 아이들은 정말 빛의 속도로 책상을 들고 나와 전시물과 발표

자료를 늘여 놓았어요.

종이 울리고 가방을 멘 아이들이 복도로 우르르 쏟아져 나왔어요. 서연이네 반 아이들은 약간 긴장되고 떨리는 표정으로 전시물 앞에 섰지요.

"어, 저게 뭐야?"

"1반 애들 뭐 하나 봐."

"저거 집 아니야? 전시하는 건가 봐. 가 보자."

아이들이 하나둘 모여들기 시작했어요. 서연이는 아일라의 손을 슬그머니 잡았어요.

"미국도 있고, 중국도 있고, 터키도 있고, 베트남도 있어요. 이탈리아도 있고 스페인, 프랑스도 있어요! 멋진 세계 여러 나라로 두근두근 여행을 떠나는 기회를 잡아 보세요! 친절하게 설명해 드립니다."

민수였어요. 휘리릭 훑어보고 가려는 아이들이 안타까웠나 봐요. 민수는 반 친구들에게 전시물을 설명할 기회를 주기 위

해 용기를 내서 소리쳤어요.

"지금 당장 세계 여행을 떠나 보세요. 어느 나라로 떠나든 두근두근 멋지고 설레는 여행이 될 거예요."

정봉이도 외쳤어요. 그런 민수와 정봉이를 보며 서연이와 아이들도 환하게 웃었지요.

하나로 연결된 세계, 다양한 문화를 만나요

　우리나라에도 세계 여러 나라에서 온 외국인들이 많이 찾아오고 있어요. 직업 때문에 우리나라에 오기도 하고, 공부를 하거나 문화를 배우기 위해 찾아오기도 해요. 또 여행을 오기도 하고요.

　우리나라에 사는 외국인들은 각자 다른 곳에 살기도 하지만 특정 지역에 모여 살기도 해요. 각자의 나라를 소개하거나 즐기는 문화 행사들을 열기도 하지요. 그래서 우리나라에서 세계 여러 나라의 문화를 경험해 볼 수 있는 곳들이 많이 있어요.

● 인천 차이나타운

인천광역시 중구에 있는 차이나타운에는 중국의 문화를 엿볼 수 있는 장소들이 많이 있어요.

또, 이곳에서는 중국 문화를 체험하거나 중국의 문화와 관련된 행사가 열리지요.

인천의 항구는 중국의 배들이 들어오기도 하고, 나가기도 하는 곳이어서 예전부터 중국 사람들이 많이 드나들었어요. 그래서 이곳에서 중국 사람들이 먹는 음식이 알려지고 중국 문화나 놀이, 전통 의상들이 우리나라에 점점 소개되었지요. 차이나타운에 가면 중국 전통 의상도 입어 볼 수 있고, 중국 음식을 맛볼 수 있어요.

● 서울 이태원

　서울특별시 용산구에 있는 이태원은 우리나라에 거주하는 외국인들이 많이 사는 곳이에요. 그래서 외국의 식재료를 팔거나, 외국에서 들어온 수입 물건들을 파는 가게들이 많이 있어요.

　또, 다양한 외국 음식점들이 많이 있어서, 여러 나라의 음식들을 맛볼 수 있어요.

이곳에서는 매년 지구촌 축제를 열기도 해요. 세계 음식을 소개하고 퍼레이드나 콘서트, 문화 체험 행사 등을 열고 다 함께 어울리기도 하지요.

● 경기도 안산 문화 광장

경기도 안산에도 우리나라에 거주하는 외국인들이 많이 살고 있어요. 안산에 가면 '다문화 거리'가 있지요. 이곳에서 다양한 나라의 음식이나 문화 등을 경험할 수 있어요. 외국인들을 위한 축제, 외국인들이 우리나라에 자신의 나라를 소개하는 축제 등이 열리지요.

봄에 열리는 '안산국제거리극축제'에서는 세계 길거리 예술단이 모여 서커스, 마임, 코미디 쇼 등 예술 공연을 펼쳐요. 또 관객들이 함께 참여할 수 있는 체험 행사도 열리고요. '세계인의 날' 기념 행사도 열리는데 이때 우리나라의 전통 문화

와 함께 외국의 전통 문화를 즐길 수 있어요.

● 각 나라의 대사관과 문화원

우리나라에는 다른 나라에서 우리나라에 파견되어 외교 업무를 보는 대사관이 있어요. 또, 각 나라의 문화를 소개하기 위한 문화원도 있지요. 이곳에서는 각 나라의 외교 업무를 하면서 문화 전파를 위한 행사를 열어요. 문화원에서는 각 나라의 언어를 가르치는 수업을 열기도 하고, 영화를 상영하거나 각 나라의 기념일과 관련된 행사를 해요.

좋아하는 나라의 언어와 문화가 궁금하다면 인터넷에서 그 나라의 대사관이나 문화원을 검색해 보고 관심 있는 행사에 참여해 볼 수 있어요.

이제 우리는 직접 다른 나라에 가지 않아도 세계 여러 나라에서 어떤 일이 일어나고 있는지, 어떤 문화 행사들이 있는지, 무엇을 먹는지 알 수 있어요. 또, 어떤 노래가 유행하는지, 사람들이 어떤 옷을 입고 어떤 머리 스타일을 하는지 알 수 있어요. 바로 인터넷 덕분이지요.

인터넷은 전 세계의 컴퓨터가 연결되어 정보를 교류할 수 있게 해 줘요. 인터넷을 통해 우리는 다른 나라의 친구들과 함께 음악을 들을 수 있어요. 영화도 볼 수 있고요. 우리나라 가수 노래를 다른 나라의 친구들이 좋아하기도 하고, 다른 나라 친구들이 좋아하는 영화를 우리가 보고 좋아하기도 하지요. 그래서 세계적으로 유행하는 노래나 영화, 옷 등이 비슷해지기도 해요.

우리나라 음식을 좋아하는 외국 요리사가 자신의 나라 사람들도 좋아할 수 있게 재료나 방법을 바꾸어 요리하기도 해요. 외국에서 유행하는 옷을 우리나라 사람 체형에 맞게 디자인

하기도 하고요.

  서로 정보를 교류하기 쉬워졌기 때문에 요즈음에는 세계 여러 나라 사람들이 비슷한 것을 좋아하고 즐기는 경우가 많아졌어요. 점점 문화의 경계가 허물어지고 서로 좋아하는 것을 같이 나누게 된 것이지요.

세계 여러 나라 친구들에게 여러분이 좋아하는 우리나라의 문화를 소개해 보세요.

좋아하는 노래 제목이나 배우, 음식 등 어떤 것이라도 좋아요.

관련교과

국어 2학년 1학기	10. 다른 사람을 생각해요
도덕 3학년	1. 나와 너, 우리 함께
사회 4학년 2학기	3 사회 변화와 문화의 다양성
사회 6학년 2학기	2. 이웃 나라의 환경과 생활 모습
사회 6학년 2학기	3. 세계 여러 지역의 자연과 문화

어린이 사회생활 첫걸음 시리즈 1!

어린이 사회생활 첫걸음 첫 번째 이야기
"남자와 여자"

남자답게? 여자답게?
그냥 나답게 할래요!

남자와 여자의 올바른 차이를 알려 주고
서로 존중하게 돕는 생활동화

최형미, 이향 글 | 박선하 그림

학교생활과 일상생활에서 나도 모르게 하는 말과 행동,
그 속에 남자와 여자에 대한 잘못된 구분이 담겨 있어요!
"남자니까 이래야 해! 여자니까 이래야 해!"
나와 너, 우리!
다른 사람과 함께 즐겁게 생활하려면 무엇을 배워야 할까요?

이 책에서 자세히 살펴보아요!

★ 재미있는 동화로, 생활 예절을 넘어 사회 규범까지 알려 주어요!
★ 남자와 여자에 대한 올바른 젠더 의식을 배워요!
★ 처음 만나는 학교생활, 무리 속에서 멋진 '나'를 새롭게 인식하게 도와요!
★ 동화와 함께 수록된 다양한 독후 활동으로 책을 더욱 깊게 읽어요!

어린이 사회생활 첫걸음 시리즈 2!

어린이 사회생활 첫걸음 두 번째 이야기
"개인과 단체"

나 혼자가 편한데
왜 다 같이 해야 해?

어린이들에게 공동체와
'함께'의 힘을 일깨워 주는 생활동화

최형미, 이향 글 | 안경희 그림

공동체와 그 안의 '개인인 나'를 함께 살펴보고,
점점 커지는 사회의 단위를 배워요!

"학급 회의는 왜 자꾸 하는 거야?
다 같이 준비하는 체육 대회는 너무 싫어!"

학교생활에 필요한 공동체 의식, 질서와 규칙을 배워요!
다양한 단체 활동에 즐겁게 참여하는 방법을 알아보아요!

이 책에서 자세히 살펴보아요!

★ 재미있는 동화로, 개인에서 점점 커지는 사회의 단위를 배워요!
★ 학교에서 겪는 일화로 올바른 공동체 의식과 규범을 배워요!
★ 처음 만나는 학교생활, 단체와 그 속의 개인인 '나'를 인식하게 도와요!
★ 동화와 함께 수록된 다양한 독후 활동으로 책을 더욱 깊게 읽어요!